LES
FARFADETS POLITIQUES

PAR

B. HERTZLEIB

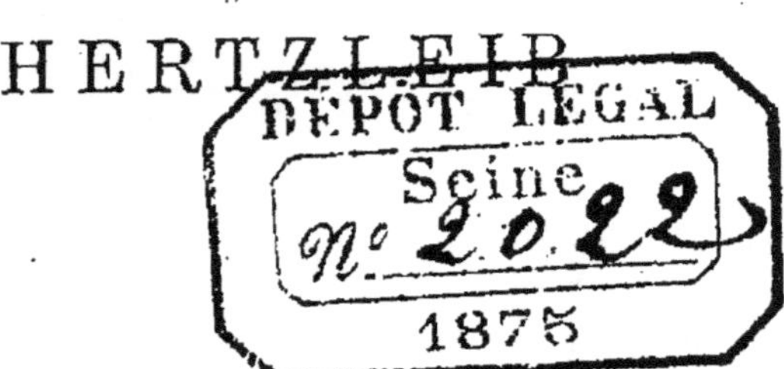

PRIX : 10 cent.; franco 15 cent.

LIBRAIRIE UNIVERSELLE DE GODET JEUNE

9, Place des Victoires, 9

ET CHEZ LES PRINCIPAUX LIRRAIRES

—

1875

FARFADETS POLITIQUES

Il est dans un des plus charmants contes de Georges Sand, dans la *Petite Fadette*, une légende dont se souviendront, certes, tous ceux qui ont lu ce beau livre. Il y est question d'un lutin qui profite de la nuit pour égarer le voyageur, et, sous la forme d'un feu follet, le fait tourner sur place, venir et revenir au même endroit, et enfin, au matin, le pauvre voyageur, harrassé, brisé, éreinté, succombant sous le froid et la fatigue, se retrouve à la même place où il était la veille au soir.

C'est le *Farfadet*, le lutin berrichon, qui joue ces tours; et lorsque l'aube naissante vient, avec le chant du coq, faire disparaître sa puissance néfaste, il se retire avec un sourire méphistophélique, ricanant de la déconvenue du pauvre humain dont il a ainsi troublé la nuit.

Eh bien !... la France vient de sortir d'un

cauchemar de ce genre Depuis vingt-un mois elle a été le jouet d'un *Farfadet* qui l'a abusée, trompée, égarée. Pendant cette longue nuit, elle a connu toutes les tortures de l'incertitude, toutes les angoisses de l'irrésolution ; elle se demandait avec terreur quand finirait cette nuit interminable, quand se dissiperaient ces ténèbres où elle marchait, marchait toujours sans changer de place, où elle se fatiguait sans avancer.

La France, cette victime résignée, s'épuisait en vain à implorer la pitié *de ses tyrans*. Par intervalle, quand elle pouvait élever la voix, elle désignait le point où elle voulait aboutir, le but auquel elle visait, et en réponse son tortureur lui répondait par un ricanement sinistre. Et tous les lutins continuaient à danser autour d'elle une sarabande infernale, l'enserrant dans leur cercle fantastique, et fermant avec soin l'horizon pour empêcher la lumière de FILTRER jusqu'à leur victime.

Ce lutin, ce *Farfadet*, ce démon des nuits a un nom. C'est vous, monsieur de Broglie, qui avez joué ce rôle. C'est vous qui avez été le farfadet de la France. C'est vous qui, avec votre politique égoïste et à courte vue, avec vos complaisances serviles et vos finasseries normandes, avez condamné un grand pays à l'inaction énervante et à l'expectative décevante. C'est vous qui, depuis le 24 mai 1873, depuis vingt-un mois, l'avez empêché d'avancer vers le but qu'il entrevoyait à l'horizon, qui avez interposé vos mains entre ses yeux et le phare républicain qu'il cherchait à atteindre. C'est vous qui, fatal lutin, l'avez entraîné à travers tous les méandres de la forêt de l'ordre moral, qui l'avez enervé par vos changements continuels. Et lorsqu'enfin l'aube naissante de la République est venue dissiper les ténèbres qui vous sont si chères, lorsque la clarté du jour a fait disparaître toutes vos équivoques et tous vos faux-fuyants, la France s'est retrouvée au point précis où vous l'aviez prise à la tombée de la nuit. Elle était à la même place, mais haletante, épuisée, presque sans force, et voyant, pour comble de terreur, reluire dans le fourré les armes que braquaient sur elle les bandits apostés pour la surprendre.

Oui, c'est grâce à vos perfides réticences, grâce à vos conseils sans noblesse et sans générosité, grâce à votre égoïsme et à vos calculs étroits, que la France s'est trouvée exposée à ce danger. C'est grâce à vous, qu'elle a failli se trouver à portée de ceux qui l'ont déjà une fois détroussée et jetée par terre mutilée et agonisante, et pour peu que la nuit se fut prolongée, pour peu que votre jeu, inconsciemment cruel, je veux le croire, pour l'honneur du nom que vous portez, eût duré, la violence eût pu se consommer. Le rapt eût eu lieu, et vous, farfadet léger, vous auriez chargé votre mémoire des malédictions qui poursuivent les complices du guet-apens.

Le premier, vous devriez bénir le jour qui a empêché votre œuvre de s'accomplir, car il vous enlève une terrible responsabilité devant l'histoire.

Et de fait, celle qui vous accable est par elle même assez lourde.... Le manteau d'impopularité qui couvre vos épaules, n'a pas besoin d'être agrémenté.... Ce que vous avez fait suffit pour tuer moralement un homme d'état, sans qu'il soit besoin de le compliquer de ce que vous laissiez faire.

A chacun selon ses œuvres. Vous prétendiez sauver la France. Voyons comment vous avez agi pour accomplir une tâche, *inutile* avant le 24 mai et devenue *indispensable* aujourd'hui.

Lorsque le 24 mai 1873, vous avez monté à la tribune pour reprocher au gouvernement son manque d'énergie à l'égard des radicaux, vous agitiez en l'air le fameux drapeau de l'ordre social. Vous arguiez de la nécessité de préserver la société des dangers qu'elle courait, et d'empêcher le gouvernement de verser dans l'ornière de la Commune, chûte que vous craigniez cependant bien moins que certains de vos auditeurs, trop intéressés à vous croire pour ne pas admettre sans discussion ce que vous disiez.

La France, sortant d'une guerre malheureuse avec l'étranger et d'une guerre civile, qui avait failli achever l'œuvre de la guerre étrangère travaillait avec ardeur à réparer les brèches faites à son industrie et à sa fortune publique. Le pays, encore tout ébranlé des secousses violentes qu'il avait subies, se sentait renaître sous un gouvernement sagement libéral, qui peu à peu, d'accord avec la majorité de la nation nous conduisait au port tant souhaité : à la RÉPUBLIQUE DÉFINITIVE.

Le crédit se raffermissait et le monde voyait avec stupeur, nos ennemis avec effarement, les capitaux répondre comme jamais ils ne l'avaient fait à la demande du gouvernement.

La rançon, telle que vainqueur oncques n'en osa rêver pareille, était payée ou à peu près ; à tout le moins, les derniers versements en étaient assurés et l'occupation étrangère, ce vestige de la guerre allait cesser. Les soldats prussiens étaient sur le point de passer la frontière, — au-delà de laquelle on parle encore français, hélas ! — Ils allaient nous rendre *à nous-mêmes* le territoire de la patrie, mutilé amoindri, mais enfin tel qu'il était, débarrassé de la vue odieuse des uniformes ennemis.

On avait confiance dans le lendemain, on espérait. L'atelier avait r'ouvert ses portes, et dans cette grande ruche travailleuse, chacun coopérait dans la mesure de ses forces à la résurrection de la grande et chère agonisante.

Le commerce reprenait, et les transactions interrompues pendant un an avaient recommencé partout.

Le pays était tranquille, aucune agitation politique ou sociale ; une ère d'apaisement s'était ouverte et les passions furieuses, que la guerre civile avait déchaînées, se calmaient. La nation se sentant forte de l'arme légale du suffrage universel qu'elle tenait, avait compris que l'ère des violences était finie pour toujours. Elle espérait arriver à un régime défini, durable, compatible avec la dignité d'un grand peuple, laissant la porte ouverte à toutes les revendications, au RÉGIME RÉPUBLICAIN. Le gouvernement, comprenant le sens des votes que chaque élection lui signifiait, se mit à l'œuvre, et présenta à l'assemblée un projet de constitution républicaine.

C'est alors que vous vîntes, monsieur le duc, et soufflant la lumière vous fîtes la nuit. C'est à ce moment que vous avez commencé votre rôle de farfadet.

Dès les premiers jours vous vous montrez, faisant de vos principes fascines et chevaux de frise, vous tendez la main aux légitimistes et aux bonapartistes.

Aux premiers vous cachiez les fossés de Vincennes et la tour de Blaye, aux seconds les brigands de la Loire, le carrefour de l'Observatoire et les noyades d'Avignon. En vertu de l'axiome qui dit que deux négations, valent une affirmation, vous avez élevé la négation à la hauteur d'un principe. Au nom d'une pensée commune, vous avez réuni l'eau et le feu, et vous voilà élevé au pouvoir par trois fractions ennemies, irréconciliables. Toujours est-il, que vous vous trouvez partout en mesure d'écarter ce péril social qui vous effrayait tant. Vous aviez pris place au gouvernail afin de lutter contre le courant qui emportait le vaisseau.

Voyons comment vous y avez réussi?

Vos débuts ne laissent pas de doutes sur vos intentions, Pourchassés, traqués, dénoncés par une feuille qui ne relève que du mépris public, les fonctionnaires républicains voient pleuvoir les destitutions comme grèle. Au nom de la République, dont l'étiquette n'a pu être enlevée grâce à la loyauté de l'illustre soldat appelé à présider à ses destinées, tout agent du gouvernement soupçonné d'affection pour le régime est impitoyablement révoqué. Et par qui les remplacez-vous, ces agents ? Par l'immense majorité des fonctionnaires d'un régime dont l'Assemblée souveraine, avait moins de deux ans auparavant voté la déchéance. Pour conserver votre majorité étayée sur l'équivoque et sur la tromperie vous avez dû ouvrir la porte toute grande aux hommes liges d'un parti qui a fait jeter votre père à Mazas, qui a dépouillé les princes dont vous vous dites le loyal serviteur, et qui en fin de cause ne vous saura pas le moindre gré de toutes les palinodies que vous aurez commises en sa faveur. Suivant le mot si justement prophétique de M. Thiers : *Vous étiez devenu* « LE PROTÉGÉ DE L'EMPIRE. »

Pendant ce temps un de vos agents, sous-secrétaire d'État au ministère de l'intérieur, lançait sa fameuse circulaire dans laquelle il prétendait mettre la presse à l'encan, et faire de la plume des journalistes un objet à acheter au rabais. Le mépris et l'indignation publique ont répondu à cette tentative de corruption, à cet attentat à la pudeur publique et à la conscience des écrivains. Vous en avez été pour votre courte honte, et dans le trop long temps que vous fûtes ministre, pas un seul journaliste républicain ne se laissa gagner à vos appas dorés.

Rebuté de ce côté, vous eûtes recours à la violence. La presse ne voulant se faire complice, il fallait l'étrangler.

Alors vous inventez l'état de siége latent, et se révélant au moment où l'on s'y attendait le moins. Vous avez le Jury, mais vous vous défiez, et à juste titre, de l'opinion publique : le sabre est plus sûr et surtout plus commode en ce sens qu'il ne laisse pas de trace. On réplique à l'administration, les procès ont de la publicité, mais on ne raisonne pas avec l'état de siége. Les journaux républicains, défenseurs de l'ordre de choses légal, se voient suspendus, supprimés, interdits sur la voie publique.

Au nom de la propriété, on piétine sur une propriété aussi sacrée que toutes les autres, et l'on prive de leur gagne-pain des milliers de travailleurs.

Cependant la restauration monarchique, cette terre promise entrevue dans les rêves de votre majorité, marchait son petit train. Le comte de Paris était allé à Frohsdorf, et le fils du duc d'Orléans déchirait le testament de son père aux pieds du fils de la prisonnière de Blaye. Vous cherchiez à faire votre majorité d'une voix, destinée à donner la France à un homme, sans vous inquiéter si la France y consentait ou non. La lettre du 27 octobre vint vous tirer de votre rêve et mettre à néant vos espérances.

Alors avec vos complices du 24 mai, vous inventez le septennat. A la France qui demande un régime définitif, vous répondez par un vote qui n'offre aucun lendemain et laisse un champ ouvert aux luttes des partis. En vain, les groupes sages et patriotiques de l'Assemblée demandent que l'institution que l'on vote, soit douée d'organes qui lui permettent de fonctionner ; votre politique d'équivoque ne saurait s'accommoder de pareilles lois. Vous éludez, cherchant à gagner du temps, et trompant tous les partis, vous parvenez encore une fois à les unir contre la République.

Cependant si vous aviez changé le personnel administratif du haut en bas, il était resté une classe d'agents dévoués à la République. Ces agents, nommés par les suffrages de leurs concitoyens, investis de leur confiance, étaient les maires. Rebelles à votre influence, ils restaient fidèles au mandat qu'on leur avait donné et ne cachaient pas leurs sympathies pour un régime auquel le pays s'attachait de plus en plus.

Sans action directe sur eux, vous sollicitez de votre majorité une loi qui vous remette la nomination des maires et adjoints. Une fois de plus vous reniez votre passé et souffletez la mémoire de votre père. Vous bouleversez les municipalités. Des hommes éminents, la gloire du pays et l'honneur de leur ville, se voient destituer et remplacer.... par des créatures du régime bonapartiste.

Le suffrage universel à qui vous n'accordez la parole, que lorsque la loi vous force à lui enlever le baillon de la bouche, vous répond en envoyant vos victimes à l'Assemblée. De plus en plus vous vous aliénez le pays.

Il est vrai qu'en revanche vous vous conciliez les bonapartistes

Triste compensation!

Enfin vous présentez une de vos lois constitutionnelles, la loi sur le Sénat ou Grand-Conseil. En dépit de votre prétendue habileté, vous avez trop laissé voir le bout de l'oreille. Les bonapartistes vos amis, vos féaux, vos protégés, grondent, montrent les dents, et finalement le 16 mai vous culbutent vous et votre Grand-Conseil.

Vous voila tombé du fauteuil ministériel, mais Farfadet malfaisant vous n'avez pas fini vos exploits. Vous vous tenez dans la coulisse, et ne pouvant plus faire des sottises sur la scène, vous les faites faire à ceux qui vous y ont remplacé.

Au pays qui demande les lois constitutionnelles, au Maréchal qui les réclame, vous répondez en envoyant Castellane chanter **des** églogues, et Changarnier célébrer les **charmes** des rives du Cousin. L'Assemblée se proroge au 30 novembre et pendant ce temps vous spéculez encore sur le hasard et sur l'équivoque.

Mais le pays en a assez. Docile à sa voix, émue de ses souffrances, las de vos duperies, une partie de ceux que vous avez trompés jusqu'ici se retourne contre vous et donne à **la** France le régime qu'elle demande depuis longtemps, en votant le 25 février 1875, la Constitution de la RÉPUBLIQUE.

Vous même au dernier moment, **vous** avez voté avec vos amis. Craignant de vous trouver isolé, vous vous êtes rallié *in extremis* aux républicains. Dernière duperie qui ne dupera personne. C'est là le châtiment du trompeur.

Ainsi, jour par jour, voilà *vingt et un mois* que vous aviez le pouvoir. Qu'en avez vous fait?

A l'intérieur vous avez chassé, traqué les républicains, poursuivi leurs journaux, **destitué** les maires et les adjoints. Qu'y avez vous gagné. Depuis le 24 mai, pas un de vos candidats n'a réussi dans une élection. Le phénomène Bruas a pitoyablement échoué contre M. Maillé, le maire destitué d'Angers, en dépit de l'appui que lui prêtait le parti bonapartiste. M. Alicot, le phénomène pyrénéen n'a pu réussir, en dépit de l'aide des républicains, tant est violente l'animadversion que votre nom et votre politique soulèvent dans le pays.

Le commerce et l'industrie paralysés par l'incertitude et par l'absence d'un gouvernement défini, ont commencé à languir du jour où vous êtes arrivé au pouvoir, et cet état n'a fait qu'empirer depuis.

Oseriez-vous bien, monsieur le duc, malgré votre immense orgueil et votre sang-froid, regarder en face toutes les faillites, tous les chômages et toutes les misères dont vous êtes la cause directe et déterminante ?

Enfin, dernière et terrible accusation, vous avez rendu la vie et l'audace à un parti qui gisait à terre, écrasé sous la honte et le mépris. Vous aviez besoin de l'appui des bonapartistes pour garder votre majorité vacillante et mal assise. De faiblesse en faiblesse, de condescendance en condescendance, vous êtes arrivé à faire dire de vous que vous étiez le complice de ces hommes que la France a en horreur. Dans tous les cas vous leur avez rendu la force, vous les avez admis à la communion officielle, d'où l'Assemblée les a exclus. Aujourd'hui, un document livré à la publicité sous le contrôle de la Chambre, peut vous faire juger jusqu'où allait l'outrecuidance de gens habitués à ne connaître d'autres lois que leurs passions.

Et tout cela pour arriver à quoi ? — Pour faire voter le 25 *février* 1875 ce que M. Thiers demandait à faire voter le 24 *mai* 1873.

Voilà votre œuvre, *Farfadet de la France.*

Le pays s'en souviendra.

Vous avez beau vous repentir aujourd'hui,

voter avec les républicains, cela ne vous servira de rien.

Vous êtes un *Farfädet*, un ver luisant, et la France a pour se guider le *soleil de la liberté.*

Celui-là ne trompe pas plus qu'il n'égare.

———

EN VENTE A LA MÊME LIBRAIRIE

Du même Auteur, *le Manuel du citoyen*, Droits
et Devoirs de l'homme

EXTRAIT DU CATALOGUE

*Les Ouvrages marqués d'un astérique * sont en réimpression.*

BIBLIOTHÈQUE DÉMOCRATIQUE

Directeur, V. POUPIN

Un volume de 192 pages par mois, 30 c.; franco, 45 c.

1. Napoléon, par Louis Blanc.
2. Les Paysans, par Esquiros.
3. Séparation de l'Etat et de l'Eglise, par A.-S. Morin.
4. Les Enfants naturels, par E. Acollas.
5. La Guerre [Empire], Poupin.
7. Etudes littéraires et philosophiques, par V. Bancel.
8. La République, E. Alaux.
9. La Commune agricole, par E. Bonnemère.
10. Jeanne d'Arc, H. Martin.
11. Les Princes d'Orléans, par V. Poupin.
12. Les Origines de la Révolution, par Ernest Hamel.
13. Livre des Femmes, Richer.
14. Les Jésuites, par Andreï.
15. Les Etats-Unis d'Europe, par Lemonnier.
16. Le 2 décembre, Schœlcher.
17. Le Divorce, M.-L. Gagneur.
18. L'Opposition et l'Empire, par Garnier-Pagès.
20. Le Mandat impératif, par V. Poupin.
21. La fin du Papisme. Cayla.
22. Nos Préjugés politiques, par Yves Guyot.
23. Les Sociétés ouvrières, par Nadaud.
24. La Science et la Conscience, par Louis Viardot.
25. 26. Les Homélies de Voltaire, par V. Poupin.
27. L'Association et le Travail attrayant, par Charles Fourier.
28. La Confession, A.-S. Morin.
30. L'Education cléricale, par Charles Sauvestre.
31. La Femme en France au XIX* siècle, E. Legouvé.
33. Propriété, Famille et Christianisme, par Schœlcher.
34. L'Instruction gratuite et obligatoire, par J. Simon.
35. France impériale, Sorin.
36. Enterrements civils, par V. Poupin.
38. Socialistes et les Droits du Travail, par Godin.
42. Mariage des Prêtres, par A.-S. Morin.
51. La Politique au Village, par M.-L. Gagneur.
52. Histoire de la Messe, par Cayla.
53. Jules Grévy, étude politique, par Sorin.
60. La Superstition, par A.-S. Morin.
66. La Crémation, V. Poupin.
78. La Souveraineté et les Droits du Peuple, par Godin.
80. La Commune de Malenpis, par André Léo.
90. Le Droit divin, V. Poupin.
91. Le respect de la loi et du suffrage universel par Salneuve député
92. Almanach du bon citoyen, par V° B. de Cape, 30 c., f° 40 c.

ÉCOLE RÉPUBLICAINE

Par Emile Sauvage.

1. Psychologie de la Commune, 30 c., franco, 35 c.
2. De l'Influence de l'Eglise sur l'Etat, 30 c., fr. 35 c.

La Science — 12. L'École. La livraison 10 c., franco 15 c.

Œuvres de M. Th.-P. Gascau de Vautibault.

L'Empire et les Paysans, 10 cent., franco 15 c.

Les Complots bonapartistes depuis le 4 septembre 1870, 15 c., franco 20 c. Série 1 à 5 fr.

M. le comte de Chambord, les Bourbons de la deuxième branche ainée, ses héritiers légitimes, et les princes d'Orléans, 20 c., fr° 40 c.

L'Assemblée nationale de Versailles, son origine, son mandat, ses droits, d'après les documents monarchistes eux-mêmes. 15 c., franco 20 c.

Le Bonapartisme et les Paysans, 1 fr., franco 1 fr. 15.

République et Prospérité, 30 c., franco 35 c.

Les Complots Bonapartistes, 15 c la série, 20 c. franco.

Les séries 1 à 4 sont en vente.

En préparation : Histoire de la famille d'Orléans, 1 vol. de 600 pages, d'après les ouvrages, mémoires et manuscrits orléanistes et légitimistes.

1° Dumasisme et Girardinisme — La Femme Roi.

2° Notre ami Witz — Danger de la centralisation française — Les lamentations patriotiques de Hansdanel.

3° Vox Clamans in deserto.

4° Entretien sur l'Armée.

5° L'Anarchie.

Lettres aux Alsaciens, par Ch. MISMER. Pamphlets de 16 pages chaque livraison....... » 30 35

Les liv. de 1 à 12 sont en vente

L'Armée des Vosges Ricciotti Garibaldi et la 4° brigade, récit de la campagne de 1870-1871, avec documents et cartes, par Edmond Thiébault, ancien officier d'ordonnance de Riccioti Garibaldi ; Combat de Pouilly, Prise du Drapeau du 62° Régiment Poméranien, 2 vol. in-8° (Rare], 1 fr. 50, franco 1 fr. 75.

Dr GAILLOT. — 9 Un petit-fils d'Attila, invasion de 1870-71   3 » 3 10

10. Les Vices à la mode...   2 » 2 25

Les Palaies sociales l'Ignorance par H. de Castelneau, [docteur Lux du Réveil,] 4 fr., franco 4 40.

Les Deux Bilans, suivis de

Une Fête sen mobile, étude poétique anti-bonapartiste, avec note par A. Vignal 1 fr. f° 1,10.

Garibaldi et l'Armée de l'Est Réponse au rapport de M. Perrot, député à l'Assemblée nationale, par F. AYLIES (Camille,) ex-rédacteur, de la Tribune de Bordeaux. Prix : 50 c., franco 55 c.

Assemblée nationale de Versailles. — Dernière liste de MM. les députés classés : 1° Par ordre alphabétique des noms et des départements avec les adresses personnelles ; 2° Selon la couleur ou nuance politique 3° Par groupes ou réunions parlementaires.

Ce petit livre (le seul à jour et le seul complet dans son genre), outre son actualité, pourra servir à éclairer l'opinion pour les prochaines élections générales. C'est le vade mecum de tout électeur. [Derniers changements officiels.]

Editon augmenté du chiffre de la population et des chefs-lieux des Départements, d'un état récapitulatif et comparatif des divers partis de l'Assemblée, d'une réponse à un curé légitimiste et d'un tableau général de toutes les élections depuis le 8 février 1871, 30 c., franco 60 c.

Almanach du bon Patriote Prix : 50 c., franco 70 c.

Assez d'Empire ! Catéchisme de l'Appel au Peuple, brochure, 15 c , franco 20 c.

Guide de l'Electeur, 10 cent., franco 15 c.

Les Lieux communs, par Yves Guyot, 60 c., franco 15 c.

Tableau mécanique cosmographique, dimension, 39 c. sur 38 c., avec une Notice explicative). Système nouveau par M. Barrière. La terre, ise en mouvement à l'aide d'un index, indique le changement des saisons et le changement dans la longueur de chaque jour. — Prix : 2 fr. Port en sus.

Biographie de Ledru-Rollin, par un Contemporain, augmentée de son dernier discours, 1 vol. in-32, 25 c., franco 30 c.

Memento de poche. Guide Administratif, judiciaire, Industriel et Commercial, contient les renseignements utiles à tout le monde, classés par ordre alphabétique [sans les voies publiques de Paris], 30 c., franco 35 c.

Les mêmes avec les voies publiques 60 c. f° 70 c.

Les Incurables, par Emile Saint-Hilaire, 1 fr., franco 1 fr. 20.

Donnez-nous un Roi [épitre aux conservateurs], 1 fr. 50, franco 1 fr. 70.

Réorganisation de l'Armée en armée nationale, composée 4,000,000 d'hommes, par E. Farcy, lieutenant de vaisseau, député de la Seine, 1 fr. 1 fr. 25.

Poisons et contre-poisons, dévoilés par le zouave Jacob. Prix : 60 c , franco 70 c.

Célibat et Mariage des Prêtres, par Aug. Bh. BEDK, avocat. Prix : 40 c., franco 50.

Inventions et découvertes diverses et perfectionnements mécaniques, par P. F. donnant le Moutardier un vol. in-8°, orné de 32 planches 2 fr., franco 2 fr. 25.

La Comédie française, racontée par un témoin de ses fautes. Avec une préface et un épilogue 1860-1863. Prix : 20 c., franco 40 c.

Garibaldi, par Alexis la Messino, avec un portrait d'après une photographie. 1 fr. 25, franco 1 fr. 50.

Navigation aérienne et voyage en ballon, par Camille Flammarion, astronome, officier d'académie. Prix : 20 c., franco 30 c.

Pourquoi je suis Républicain, par Bretaudeau P. 10 c. f° 15 c.

L'Instruction et la Santé, par le D' Riant, professeur d'hygiéne. Prix : 20 c. f° 20 c.

Les Invalides du travail par Berdalle de Lapommeraye. Prix : 20 c., f° 30 c.

Biographie de M. Berryer, par V. Oven Prix : 20 c., f° 30 c.

Biographie du D' Piorry, par V. Oven. Prix : 20 c., f° 30.

Nouvelle maladie de la Vigne, par Larsonneau. Prix 1 f.., f° 1 fr. 10 c.

Les Doubles-Croches Malades, par Alexis Azevedo, Prix 1 f. 25 f° 1 fr. 40.

Les Roturiers, par Louis Festeau. Prix : 1 fr. 50, f° 1 fr. 65

Œuvres de M. Huguet de Vars, Docteur-Médecin de la Faculté de Paris. Exposé de médecine, homœodinamique basée sur la loi de similitude, fonctionnelle et appliquée au traitement des affections aigües et chroniques. Prix : 2 fr , f° 2 f. 20.

La Méthode curative dans les maladies graves et les cas désespérés. Prix : 50 c., f° 55 c.

Les aspirations médicamenteuses, méthode pratique de traitement dans les altérations du sang. Prix : 25 c. f° 30 c.

BIBLIOTHÈQUE NATIONALE.

— 187 v. sont en vente à 25 cent.

Musée national. Collection des portraits des personnages les plus célèbres, accompagnés de leurs biographies. 20 liv de chacune 4 port. La livr 20 c , franco 25 c.

Catéchisme national, à l'usage des jeunes Français, 30 cent., franco 40 c.

BIBLIOTHEQUE OUVRIERE

Volumes à 30 c. — Franco, 45 c.

Les Associations et Chambres syndicales ouvrières, par L. Pauliat.

Les Prud'hommes, Code et Manuel, par L. Pauliat.

Les Grèves, la Loi des Coalitions, par J. Barberet.

Le Mouvement ouvrier à Paris de 1870 à 1874, par Barberet. 1er vol.

Almanach ouvrier (1874).

Les Ouvriers au moyen âge, par C. Pelletan.

La Bibliothèque utile, 41 vol. de 192 pages, à 60 c., franco 75 c.

Les Bons Livres. Sciences, Education, Littérature. 89 vol. sont en vente à 10 cent., franco 15 c.

Manuel homœopathique d'obstétrique, par le D' C. Croseriol. Prix : 1 fr. 25, f° 1 fr. 40.

ŒUVRES DE M. A. S. MORIN

L'Esprit de l'Église, A. S. Morin, un vol., 2 fr., f° 2 fr. 20.

Le Prêtre et le Sorcier. Prix : 2 fr., f° 2 fr. 20.

Les Fantaisies théologiques Prix : 5 fr , f° 5 fr. 40.

De la séparation du spirituel et du temporel. Prix : 3 fr. 50 franco 3 fr. 85.

Les Hébertittes modernes. Prix : 60 c., f° 70.

Expédition de tous ouvrages de Science, d'Industrie, d'Agriculture, de Commerce, etc. Cartes, Plans, Guides, etc , de tous les éditeurs au prix du Catalogue, frais de port en sus Abonnements à tous journaux, et envoi franco de catalogues sur demande affranchie.